BEI GRIN MACHT SICH I
WISSEN BEZAHLT

- Wir veröffentlichen Ihre Hausarbeit, Bachelor- und Masterarbeit

- Ihr eigenes eBook und Buch - weltweit in allen wichtigen Shops

- Verdienen Sie an jedem Verkauf

Jetzt bei www.GRIN.com hochladen und kostenlos publizieren

Murat Ertugrul

Vermeidung von Medienbrüchen bei grenzüberschreitenden Transaktionen

GRIN Verlag

Bibliografische Information der Deutschen Nationalbibliothek:

Die Deutsche Bibliothek verzeichnet diese Publikation in der Deutschen National-
bibliografie; detaillierte bibliografische Daten sind im Internet über http://dnb.d-
nb.de/ abrufbar.

Impressum:

Copyright © 2009 GRIN Verlag GmbH
Druck und Bindung: Books on Demand GmbH, Norderstedt Germany
ISBN: 978-3-640-82632-2

Dieses Buch bei GRIN:

http://www.grin.com/de/e-book/136032/vermeidung-von-medienbruechen-bei-
grenzueberschreitenden-transaktionen

GRIN - Your knowledge has value

Der GRIN Verlag publiziert seit 1998 wissenschaftliche Arbeiten von Studenten, Hochschullehrern und anderen Akademikern als eBook und gedrucktes Buch. Die Verlagswebsite www.grin.com ist die ideale Plattform zur Veröffentlichung von Hausarbeiten, Abschlussarbeiten, wissenschaftlichen Aufsätzen, Dissertationen und Fachbüchern.

Besuchen Sie uns im Internet:

http://www.grin.com/

http://www.facebook.com/grincom

http://www.twitter.com/grin_com

VERMEIDUNG VON MEDIENBRÜCHEN BEI GRENZÜBERSCHREITENDEN TRANSAKTIONEN

INHALT

1 EINLEITUNG

Laut einer Studie der Marktforschungsunternehmen Forrester Research und Durlacher Corporation Plc. steigt der Business-to-Business (B2B) Umsatz stark an[1]. Damit diese beeindruckende Entwicklung weiter anhält, müssen Lösungen eingesetzt werden, die Kommunikationsprozesse zwischen Geschäftspartnern fördern und effizient machen. Eine große Herausforderung ist dabei der zwischenbetriebliche, weil grenzüberschreitende Austausch von Geschäftsdokumenten. Über diese Grenzen hinweg müssen Prozesse koordiniert und automatisiert werden. Ziel der Unternehmen ist es die Effizienz und Qualität der Prozesse zu steigern und die Kosten zu senken.

Eine Möglichkeit wie dies zu erreichen ist, ist die Vernetzung der Anwendungssysteme in den Unternehmen um Geschäftsprozesse über die Unternehmensgrenzen hinweg zu automatisieren. Kundenanfragen, Angebot, Auftrag, Lieferung, und Rechnung stellen viele Geschäftsdokumente dar, jedes dieser einzelnen Dokumente wird bei einem Wechsel des Anwendungssystems wieder neu erfasst, obwohl sie inhaltlich gleich sind. Solche Medienbrüche sind sehr unwirtschaftlich und fehlerbehaftet. Deshalb kann aus einer automatischen elektronischen Weitergabe und Verarbeitung der Dokumente und Daten Vorteile gezogen werden.

Um den bei der Abwicklung dieser Transaktionen entstehenden Koordinationsaufwand zu verringern haben es sich zahlreiche Initiativen und Unternehmenskooperationen zur Aufgabe gemacht, Standards zu entwickeln, die Interoperabilität herstellen. Diese unterscheiden sich bezüglich ihres Ansatzes und ihres funktionalen Umfangs. Im Folgenden werde ich die verschiedenen Standards kurz vorstellen und auf in der Praxis erfolgreiche Lösungen eingehen.

---

1 Vgl. http://www.ecin.de/marktbarometer/b2b-umsatz/ (Aufgerufen am 24.02.2009)

2 GRUNDLAGEN UND BEGRIFFE

2.1 MEDIENBRUCH

Unter einem Medienbruch versteht man einen Wechsel des informationstragenden Mediums innerhalb eines Informationsbeschaffungs- oder Informationsverarbeitungsprozesses[2].

Ein Beispiel ist ein eingegangenes Fax (z. B Kundenbestellung), das in ein elektronisches Formular, von einem Mitarbeiter, manuell in den Computer eingegeben wird. Ein solcher Medienbruch in einem Prozess erschwert und verlangsamt diesen und wirkt sich qualitätsmindernd, da fehleranfälliger, aus. Daher ist es, ins besonders bei unternehmensübergreifenden Prozessen, Ziel vieler Unternehmen, Medienbrüche zu vermeiden um wettbewerbsfähiger zu sein. Zusätzlich führt die Vermeidung von Medienbrüchen auch meist zu einer Kostensenkung.

2.2 ABGRENZUNG E-BUSINESS UND E-COMMERCE

Der elektronische Geschäftsverkehr (E-Business) gehört zu den wichtigsten Informations- und Kommunikationstechnologien. E-Business umfasst alle Arten von Geschäftsprozessen, die auf elektronischem Wege abgewickelt werden. E-Business findet weitgehend im Internet, oder mit Techniken des Internets, statt.

E-Commerce meint hingegen mehr die kommerziellen Aktivitäten, die sich zwischen den Marktteilnehmern abspielen. Der Begriff des E-Business ist somit weiter gefasst als der des E-Commerce[3].

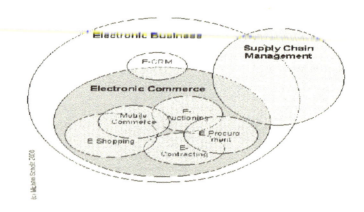

---

2 Vgl. http://de.wikipedia.org/wiki/Medienbruch (Aufgerufen am 22.02.2009)

3   Vgl.   http://www.competence-site.de/ecommerceshop.nsf/44ed936957de26d7c1256911003d7e42/7e60a69cee185639c125697000589e64!OpenDocument (Zugriff 22.02.2009)

Vermeidung von Medienbrüchen bei grenzüberschreitenden Transaktionen

Ausgangspunkte für grenzüberschreitende Transaktionen sind immer kommerzielle Aktivitäten, also Handelsbeziehungen. Aufgrund dessen werden wir im Folgenden den Begriff E-Commerce verwenden.

Die wichtigsten Verbindungen die zwischen Teilnehmer am E-Commerce sind zustande kommen können, sind:

- Unternehmen und Konsumenten (Business-to-Consumer, B2C)
- Unternehmen untereinander (Business-to-Business, B2B)
- Unternehmer und Administration (Business-to-Administration, B2A)

Was ist E-Commerce nun eigentlich? Eine sehr gute Definition ist[4]:

Electronic Commerce ist ein Konzept zur Nutzung von bestimmten Informations- und Kommunikationstechnologien zur elektronischen Integration und Verzahnung unterschiedlicher Wertschöpfungsketten oder unternehmensübergreifender Geschäftsprozesse und zum Management von Geschäftsbeziehungen.

Integration und Verzahnung bedeuten aber genau die Vermeidung von Medienbrüchen bei unternehmensübergreifenden, und damit bei grenzüberschreitenden, Prozessen.

Was dafür notwendig ist, sehen wir im nächsten Kapitel.

2.3 ANFORDERUNGEN AN E-COMMERCE

Zwei wichtige Anforderungen die wir an E-Commerce stellen und die zur Vermeidung von Medienbrüchen führen sind:

- Die (Daten-) Integration der Geschäftsprozesse
- Die Automatisierung der Geschäftsprozesse

Die Integration stellt die Zusammenarbeit in den Wertschöpfungsketten und Geschäftsprozessen heraus. An Unternehmensgrenzen, also an der Schnittstelle zwischen den unterschiedlichen Unternehmen haben die traditionellen Prozesse in der Regel vielfältige Medienbrüche. Hier gilt es die unterschiedlichen Unternehmensprozesse ineinander zu integrieren, das heißt zu harmonisieren und zu verbinden.

Informationen die in Unternehmen elektronisch vorliegen, werden auf "klassischem Weg", also telefonisch, per Fax oder schriftlich zum Handelspartner übertragen. Der

---

4 Vgl. http://www.webagency.de/infopool/e-commerce-knowhow/ak981021.htm (Zugriff 22.02.2009)

Vermeidung von Medienbrüchen bei grenzüberschreitenden Transaktionen

vollautomatische elektronische Informationsaustausch zwischen Unternehmen und zwischen Unternehmen und Verbraucher ist nicht immer die Regel. Automatisierung heißt hier zwei Computer so zu verbinden, dass sie sich gegenseitig „verstehen". Informationen (Daten) die in dem einen Computer in einer bestimmten elektronischen Form vorliegen müssen vom anderen Computer verstanden werden. Um dies zu ermöglichen wurden verschiedene Standards entwickelt die wir im nächsten Abschnitt kennen lernen werden.

3 STANDARDS IM E-COMMERCE

3.1 ELECTRONIC DATA INTERCHANGE (EDI)

Unter EDI versteht man ganz allgemein die elektronische Übertragung von Geschäfts-daten, also den elektronischen Austausch von Daten zwischen Anwendungssystemen von zwei oder mehreren Unternehmen.

Ziel von EDI ist es eine Kommunikation über Unternehmensgrenzen hinweg zur Steuerung von Geschäftsprozessen zu ermöglichen. EDI soll die Papierdokumente wie Bestellungen, Bestätigungen, Aufträge, Rechnungen und Lieferscheine überflüssig machen die sonst während eines Geschäftsablaufes anfallen. EDI erlaubt somit einen rein digitalen Kommunikationsfluss zwischen verschiedenen Anwendungen ohne Medienbrüche.

Die Inhalte einer Nachricht müssen so strukturiert sein, dass Anwendungssysteme von anderen Unternehmen diese weiterbenutzen können (siehe auch Kapitel 2.2.1).

Um dies zu gewährleisten wurden verschiedene Standards entwickelt. Die Standards definieren einheitliche Strukturen und Regel für die Kommunikation. Hier zunächst eine kleine Übersicht einiger Standards die entwickelt wurden.

EDI Standards[5]

	national	international
branchenneutral	ANSI X.12 (USA)	UN/EDIFACT
branchenbezogen	VDA (Automobil D) SEDAS (Handel D; ersetzt durch globalen EANCOM Standard)	ODETTE (Automobil) SWIFT (Banken)

Zu Beginn erfolgte der Austausch von Nachrichten fast ausschließlich über Punkt-zu-Punkt Verbindungen zwischen den Unternehmen. Die dafür nötige Infrastruktur wurde von sogenannten VAN's (Value Added Network) bereitgestellt. Über diese Infrastruktur konnten zwei Kunden miteinander kommunizieren. Später konnten EDI Nachrichten auch über HTTP, SMTP oder FTP Protokole ausgetauscht werden.

---

5 Vgl. http://de.wikipedia.org/wiki/Electronic Data Interchange

3.2 EXTENSIBLE MARKUP LANGUAGE (XML)

Die Sprache XML (Extensible Markup Language) entstand aus den Erfahrungen mit SGML (Standard Generalized Markup Language) und HTML (Hypertext Markup Language).

SGML war zu komplex und zu umfangreich um in der Breite eingesetzt zu werden, HTML war dagegen zu unflexibel und nur auf die Anzeige von Dokumenten spezialisiert.

XML ist eine erweiterbare (flexibel), textbasierte Meta-Auszeichnungssprache, die es ermöglicht, Daten und Dokumente so zu beschreiben und zu strukturieren, dass diese zwischen Systemen in verschiedensten Hard- und Softwareumgebungen ausgetauscht und verarbeitet werden können. Damit stellt XML eine ideale Grundlage für den Datenaustausch zwischen elektronischen Systemen dar. Realisiert wird dies über die Trennung von Inhalt, Struktur und Erscheinungsbild. Durch die Flexibilität kann XML an viele Anwendungen angepasst werden, beziehungsweise in viele Anwendungen integriert werden. Durch die Strukturierung ist es möglich Dokumente und Daten automatisch verarbeiten. Auf der Basis von XML wurden sogar Kommunikations-protokole standardisiert die den Datenaustausch regeln und sichern sollen. Damit wurde die Grundlage für eine medienbruchfreie Weitergabe von Daten und Dokumenten geschaffen.

XML ist im Gegensatz zu EDI auch vom Menschen zu lesen und erleichtert dabei die Mensch-Maschine Kommunikation. Der Austausch der Nachrichten und Dokumente erfolgte über das Internet beziehungsweise über Techniken und Protokole des Internets.

Wir werden später sehen das XML den Austausch von Daten über eine Vielzahl von Anwendungen erlaubt[6].

3.2.1 SOAP

Das Simple Object Access Protocol (SOAP) ist ein einfacher, erweiterbarer in XML kodierter Protokollstandard. Es eignet sich zur Kommunikation zwischen Systemen und Anwendungen in verteilten und heterogenen Umgebungen. Es können Daten ausgetauscht und Remote Procedure Calls (RPC)[7] durchgeführt werden[8]. Der große Vorteil von SOAP ist die Unabhängigkeit von Betriebssystemen, Programmiersprachen

---

6 Vgl. http://www.tecchannel.de/webtechnik/entwicklung/401434/zukunftxml/index2.html

7 Nähere Information über RPC findet Sie hier

http://www.tecchannel.de/webtechnik/entwicklung/402428/know how kommunikation mit remote procedure calls

8 Vgl. http://www.tecchannel.de/webtechnik/soa/458074/nachrichten verschicken mit soap die soap spezifikation

Vermeidung von Medienbrüchen bei grenzüberschreitenden Transaktionen

und Objektmodellen. Weitere Vorteile sind Offenheit, Skalierbarkeit und Robustheit. Nachrichten die über SOAP ausgetauscht werden sind in XML verfasst.

Eine SOAP-Nachricht setzt sich also zusammen aus einem Protokoll-Header (Kopf vom Standard-Protokoll (z.B. HTTP, SMTP, ...) und SOAP) und dem „SOAP envelope". Der „SOAP envelope" besteht wiederum aus einem optionalen SOAP-Header mit Metadaten und einem SOAP-Body mit den eigentlichen Nachrichten oder Daten[9].

SOAP bietet also ein Regelwerk um Nachrichten im XML Format sicher, eindeutig und Integer zu versenden. Da SOAP den XML Standard zur Grundlage hat, ist eine Medienbruchfreie Kommunikation möglich, also ein ideale Voraussetzungen für grenzüberschreitende Transaktionen.

3.2.2 XML COMMON BUSINESS LIBRARY (XCBL)

Die Firma Commerce One hat mit der Entwicklung und Spezifikation einer auf XML-basierender Bibliothek eine Grundlage für den Austausch von Informationen und Daten im E-Commerce geschaffen[10].

Um diese Bibliothek zu gestalten wurde zunächst der firmenüberschreitende Handel analysiert. Ergebnis ist die "XML Common Business Library" (xCBL). Sie stellt eine Sammlung an XML basierenden Geschäftstranskationen dar. Durch Commerce One wurde xCBL zu einer universal einsetzbaren und Hardware unabhängigen Sprache für Geschäftsdokumente.

9 Vgl. http://www.ag-nbi.de/archiv/www.xml-clearinghouse.de/standards/07/index.html (Aufgerufen 23.02.2009)
10 Vgl. Diplomarbeit Nr. 1843 Integration digitaler Zahlungssysteme in das elektronische Volltextinformationssystem OPUS, Universität Stuttgart

4 IN DER PRAXIS EINGESETZTE LÖSUNGEN

Im Folgenden will ich einen Überblick über einige in der Praxis eingesetzte Lösungen für die überbetriebliche Kommunikation geben. Ziel ist es immer Daten und Dokumente in elektronischer Form zu übermitteln und zu verarbeiten um Medienbrüche zu minimieren beziehungsweise ganz zu eleminieren.

Detaillierte technische Angaben zu der jeweiligen Lösung sind in dieser Übersicht nicht enthalten.

4.1 SWIFT

SWIFT steht für "Society for Worldwide Interbank Financial Telecommunications". Dabei hat SWIFT eine doppelte Bedeutung, zum einen steht SWIFT für den Namen der Gesellschaft die für Telekommunikation zwischen Banken weltweit sorgt, zum anderen wird SWIFT auch umgangssprachlich für das Netzwerk bzw. Standard zum elektronischem Datenaustausch zwischen Banken benutzt.

Über SWIFT werden also Nachrichten oder besser Transaktionen im Bankenumfeld ausgetauscht. Inhalt dieser Transaktionen sind zum Beispiel Überweisungsaufträge oder Wertpapier- und Devisenhandelsgeschäfte. Anfang 2005 gab es knapp 7500 Benutzer in 202 Ländern, die sich untereinander 9 Millionen Nachrichten am Tag schickten[11].

Dabei bietet SWIFT nicht nur den Standard wie diese Nachrichten aufgebaut sind sondern stellt auch die notwendige sichere Infrastruktur in Form eines Netzes zur Verfügung. Zu diesem Zweck betreibt SWIFT ein weltweites Leitungsnetz und zwei redundante Rechenzentren, OPC oder Operating Center genannt, in Europa und USA[12].

SWIFT basiert grundsätzlich auf dem EDI Standard. Zwischen den Teilnehmern wurden Vereinbarungen getroffen wie die auszutauschenden Daten (Nachrichten) aufgebaut sein sollen (Syntax) und welche Bedeutung einzelne Segmente haben (Semantik).

Jeder SWIFT-Teilnehmer hat eine eindeutige Kennung, den sogenannten BIC (Bank Identifier Code). Dieser hat 8 oder 11 Stellen und ist wie folgt aufgebaut[13]:

---

11 Vgl. http://www.zahlungsverkehrsfragen.de/swift.html (Aufgerufen 24.02.2009)

12 Vgl. http://www.zahlungsverkehrsfragen.de/swift.html (Aufgerufen 24.02.2009)
13 Vgl. http://www.itwissen.info/definition/lexikon/bank-identifier-code-BIC-BIC-Code.html (Aufgerufen 24.02.2009)

Vermeidung von Medienbrüchen bei grenzüberschreitenden Transaktionen

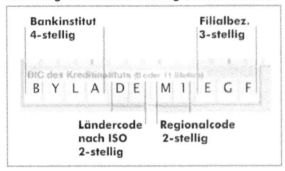

- Bankinstitut

  4 Stellen Alphazeichen frei gewählt (Bundesbank z.b. MARK)

- Ländercode

  2 Stellen Alphazeichen, ISO-Code des Landes (in Deutschland also DE)

- Regionalcode

  2 Stellen alphanumerisch zur Ortsangabe (z.b. FF für Frankfurt)

- Filialbezeichnung

  wahlweise 3 Stellen alphanumerisch zur Bezeichnung von Filialen

Wegen dieser Eindeutigkeit wird der BIC im grenzüberschreitenden Zahlungsverkehr wie eine internationale Bankleitzahl verwendet. Die Codes sind nach ISO 9362 genormt und SWIFT wurde von der ISO für die Umsetzung der Norm benannt[14].

Nachrichten innerhalb des SWIFT-Netzes sind natürlich verschlüsselt und werden auf korrekten Aufbau (Syntax), Eindeutigkeit und auf Veränderungen überprüft. Die erste Ziffer gibt hierbei die Nachrichtenkategorie an:

Im SWIFT-Netz haben Nachrichten als Typbezeichnung immer eine dreistellige Nummer. Die erste Ziffer gibt die Nachrichtenkategorie an. Nachfolgend sind die Kategorien mit Beispielen aufgeführt[15].

Message Type	Beschreibung
MT0xx	System Message
MT1xx	Kundenzahlungen
MT2xx	Überträge zwischen Kreditinstituten

---

14 Vgl. http://www.zahlungsverkehrsfragen.de/swift.html (Aufgerufen 24.02.2009)

15 Vgl. http://bankers-tcv.acc.de/Bankers Pedia Deutsch/index.php/SWIFT (aufgerufen am 24.02.2009)

Vermeidung von Medienbrüchen bei grenzüberschreitenden Transaktionen

MT3xx	Devisen- und Geldhandel
MT4xx	Inkassi und Kreditbriefe
MT5xx	Wertpapiere
MT6xx	Edelmetalle und Konsortialgeschäfte
MT7xx	Doku mentena kkreditive und Garantien
MT8xx	Reiseschecks
MT9xx	Cash Management und Kundeninformationen

4.2 UN/EDIFACT

UN/EDIFACT ist die Abkürzung für United Nations Electronic Data Interchange For Administration, Commerce and Transport. EDIFACT ist der einzige branchenübergreifende internationale Standard für elektronischen Datenaustausch im Geschäftsverkehr auf der Basis von EDI.

Da Geschäftsdokumente aber in verschiedenen Branchen und Ländern sehr unterschiedlich sein können, ist eine Vielzahl branchenspezifischer (z.B. VDA in der Automobilindustrie) und nationaler EDI-Standards (TRADACOMS in UK, ANSI ASC X12 in USA) entstanden, die nicht kompatibel sind. Bemühungen der UN, diese unerwünschte Inkompatibilität zu vermeiden, führten zu EDIFACT. EDIFACT bietet also gemeinsame Strukturen und Elemente für viele Geschäftsdokumente und Prozesse an.

In EDIFACT sind Regeln definiert, wie EDIFACT-Nachrichten zu erstellen und zu strukturieren sind. Diese Regeln beschreiben also den Aufbau und die Form der Inhalte der jeweiligen Nachricht. Durch die definierte Struktur der Nachrichten und deren Inhalt ist der Austausch über unterschiedliche Anwendungssystems hinweg möglich.

EDIFACT ist unabhängig vom verwendeten Medium über das der Datenaustausch stattfindet, ebenso wie vom verwendeten Übertragungsprotokoll. Die beteiligten Anwendungsprogramme müssen in der Lage sein EDIFACT-Nach richten zu verarbeiten. Falls das nicht der Fall ist werden Konverter dazwischengeschaltet, die die Daten entsprechend umwandeln.

Aufgrund der Komplexität von EDIFACT haben sich eine Reihe von verschiedenen branchenspezifischen Subsets gebildet. Diese Subsets beinhalten eine Teilmenge aller in EDIFACT definierten Segmente und Funktionen.

Vermeidung von Medienbrüchen bei grenzüberschreitenden Transaktionen

Es ist deshalb notwendig, dass sich die teilnehmenden Partner auf ein konkretes Subset einigen. Generell ist es aber mögliche das Partner unterschiedlicher Branchen elektronisch Geschäftsdokumente austauschen und automatisch verarbeiten können.

Die Vorteile von EDIFACT sind[16]:

- Zeit
  - Schnelle Übermittlung zu jeder Zeit
  - Verkürzung der Durchlaufzeit
- Qualität
  - Keine Mehrfachdatenerfassung
  - Keine Fehler beim abtippen oder ablesen
- Kosten
  - Kein Sammeln, Verteilen und Archivieren von Belegen und Dokumente
  - Geringere Übermittlungskosten

4.3 RosettaNET

RosettaNet ist ein, nicht auf Gewinn ausgerichtetes, weltweites Konsortium. Die Unternehmen kommen meist aus den Bereichen Informationstechnologie, elektronische Bauelemente und Halbleiterfertigung, Logistik, Telekommunikation und Dienstleistung.[17] Das besondere Augenmerk von RosettaNet war also die High-Tech Branche.

RosettaNet hat zum Ziel die Definition eines offenen Standards im E-Business der die Integration und Automatisierung von Geschäftsprozessen unterstützt. Neu war die Entwicklung eines offenen plattformübergreifenden Standards auf XML Basis.

Das Konsortium begann mit der Analyse von Geschäftsprozessen, die innerhalb dieser Branche von Bedeutung waren. Die einzelnen Aufgaben dieser Prozesse wurden identifiziert und kritisch geprüft.

Vergleicht man die Mensch-zu-Mensch Kommunikation mit der Kommunikation von Anwendungssystemen erhält man folgende Darstellung die aufzeigt wo RosettaNet diese unterstützen und voranbringen will[18].

16 Vgl. http://www.grundfos.de/gebaudetechnik/start/e-business/edifact.html (abgerufen am 24.02.2009)

17 Vgl. http://de.wikipedia.org/wiki/RosettaNet (abgerufen am 25.02.2009)

18 Vgl. http://www.gca.org/papers/xmleurope2001/papers/html/s03-3.html (abgerufen 25.02.2009)

Vermeidung von Medienbrüchen bei grenzüberschreitenden Transaktionen

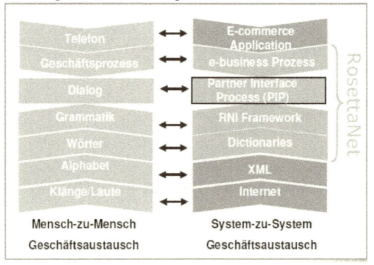

Von besonderer Bedeutung für von RosettaNet sind die Partner Interface Processe (PIP). Mit den PIP's werden Geschäftsprozesse und die damit verbundenen Dokumente festgelegt. PIPs basieren auf XML Nachrichten. Die verschiedenen PIPs werden in Cluster (Bereiche) eingeteilt, die jeweils einen bestimmten Geschäftsprozessbereich abdecken[19].

- Cluster 0 RosettaNet Support (Unterstützung für RosettaNet)
- Cluster 1 Partner Product and Service Review
- Cluster 2 Product Information (Produktinformation)
- Cluster 3 Order Management (Bestellwesen)
- Cluster 4 Inventory Management (Bestandsverwaltung)
- Cluster 5 Marketing Information Management
- Cluster 6: Service and Support (Reparatur und Unterstützung)
- Cluster 7: Manufacturing (Herstellung)

Die PIP-Spezifikationen können als Paket von der RosettaNet Webseite

heruntergeladen werden. Das Paket enthält nicht nur die inhaltliche und strukturelle Beschreibung der Geschäftsdokumente sondern auch eine Art Prozessleitfaden und ein Implementierungswegweiser.

---

19 Vgl. http://de.wikipedia.org/wiki/RosettaNet (abgerufen 26.02.2009)

4.4 BMEcat UND openTRANS

BMEcat hatte das Ziel den Austausch von Produktdaten und Katalogen zwischen Lieferanten und Einkäufern zu standardisieren. BMEcat basiert auf dem XML Standard.

BMEcat bietet unter anderem die Möglichkeit[20] zur Abbildung von Katalogstrukturen zur einheitlichen Klassifizierung von Produkten zur einheitlichen Definition von Produktmerkmalen innerhalb von Produktgruppen zur Einbindung multimedialer Informationen wie Bilder, Grafiken, Videodaten und Sounddateien.

Mit BMEcat stellt eine wichtige Voraussetzung für den elektronischen Geschäftsverkehr dar. Mit diesem standardisierten Verfahren konnten Verkaufsbeziehungsweise Beschaffungsprozesse automatisiert werden.

Ergänzend zu BMEcat kann im Rahmen der Auftragsabwicklung der Transaktionsstandard openTRANS[21] eingesetzt werden. Beide Standards zusammen erlauben die Medienbruchfreie Verarbeitung von Geschäftsprozessen. Der große Vorteil hierbei ist, dass die Dokumente in XML beschrieben und strukturiert werden und das Regelwerk für die Kommunikation ebenfalls in XML beschrieben ist.

Bei der Weiterentwicklung des BM Ecat in der Version 2005 wurde darauf geachtet die Kompatibilität zu möglichst vielen gebräuchlichen Klassifikationssystemen zu berücksichtigt um möglichst eine große Bandbreite an System miteinander integrieren zu können.

BMEcat 2005 kann von der Website www.bmecat.org heruntergeladen und lizenzfrei genutzt werden. Der Standard ist als XML-Schema inklusive Dokumentation verfügbar. Für Anwender bietet der Markt eine breite Palette an Software, die BMEcat unterstützt.

4.5 ELECTRONIC BUSINESS XML (ebXML)

Die Vision hinter ebXML ist die Entwicklung eines weltweit gültigen XML-Frameworks. Die Mitglieder repräsentieren 14 Länder, ungefähr 100 Unternehmen sowie etliche nationale wie internationale Standardisierungsorganisationen. Ziel ist die Entwicklung eines offenen technischen Standards für den weltweiten, konsistenten Austausch elektronischer Geschäftsdokumente und -daten auf der Grundlage von XML. Dies gilt für die Kommunikation von Anwendungssystemen ebenso wie für die Mensch-Maschine- oder Maschine-Mensch-Kommunikation[22]. Wichtig bei der Entwicklung von

---

20 Vgl. http://www.ecin.de/shops/bmecat/
21 Für mehr Infos siehe http://www.opentrans.org/
22 Vgl. www.cs.univie.ac.at/upload/publications/00000.huemer-xml-buch.pdf (26.02.2009)

ebXML war das besonders Klein- und Mittelstandsunternehmen (KMU) davon profitieren sollten.

Die Ziele die sich die ebXML-Spezifikationen gesetzt hatte[23]:

- Vollständig kompatibel zu allen W3C-Standards
- Interoperabilität zwischen ebXML-kompatiblen Anwendungen herstellen
- Geringe Barrieren für traditionellen EDI Systemen und den unterschiedlichen XML-basierten E-Business-Standards bieten
- Internationaler Standard bei anerkannten Standardisierungsgremien

Im Gegensatz zu anderen Standards ist ebXML nicht darauf beschränkt nur Standard für Geschäftsdokumente zu sein. Man hat mit ebXML die Möglichkeit, Geschäftsprozesse und darauf bezogene Transaktionen zu modellieren und diese in einem Verzeichnis, der so genannten Registry, zu hinterlegen. Alle Unternehmen die mit ebXML arbeiten können ihre modulierten Geschäftsprozesse und Dokumente in dieser Registry speichern. Diese Daten können dann von anderen Teilnehmern eingesehen werden und für neue Zusammenarbeiten genutzt werden. So werden nicht nur bestehende Geschäftsverbindungen automatisiert, sondern es können neue Geschäftsbeziehungen und damit neue Kunden gewonnen werden.

Der Ansatz von ebXML geht damit viel weiter als andere XML Standards, Grundgedanke ist „das Rad nicht jedesmal neu zu erfinden". Das führt gerade bei KMU's zu einem wesentlichen Ziel, das der Kostenminderung, von elektronischen Geschäftsprozessen.

4.0 WEB SERVICES UND SOA

Die Serviceorientierte Architekturen (SOA) hat die Absicht, Geschäftsprozesse zu automatisieren und eine Maschine-zu-Maschine Kommunikation zu ermöglichen. SOA ist dabei keine konkrete Technik, sondern vielmehr eine Software-Architektur. SOA bietet Möglichkeiten um Dienste anzubieten, zu suchen und zu nutzen. SOA ist so aufgebaut das es Plattform und Anwendungssystem unabhängig ist.

Grundsätzlich gibt es drei Beteiligte: Den Anbieter des Dienstes, den Nutzer und das Dienstverzeichnis. Die Grafik zeigt das Zusammenspiel der drei Beteiligten.

[23] Vgl. www.dpunkt.de/leseproben/3-932588-98-3/Kapitel 4.4.pdf (26.02.2009)

Vermeidung von Medienbrüchen bei grenzüberschreitenden Transaktionen

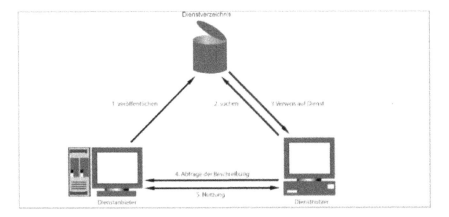

Mit Web Services ist es möglich eine konkrete Implementierung einer Service-orientierten Architektur vorzunehmen. Es handelt sich dabei um Dienste, die über Internetprotokolle und die Internet-Infrastruktur übertragen werden können, deshalb ist auch das Web in Namen enthalten. Um Daten miteinander auszutauschen, werden XML-basierte Standards verwendet.

Mit Web-Services können Dienste beschrieben, veröffentlicht, gefunden und dynamisch aufgerufen werden. Dazu bedienen sich die Web-Services drei grundlegender Techniken[24].

- SOAP
- WSDL
- UDDI

4.6.1 SOAP

SOAP („Simple Object Access Protocol") ist der XML-basierte Standard zur Kommunikation und zum Nachrichtenaustausch und dessen Einbettung in ein Transportprotokoll. (Siehe auch Kapitel 3.2.1)

---

24 Vgl. http://www.tecchannel.de/webtechnik/soa/457051/web_services_grundlagen_aufbau_und_struktur/index5.html (26.02.2009)

4.6.2 WSDL

WSDL („Web Service Description Language") ist eine XML-basierte Beschreibungssprache, um Web Services bzw. deren Fähigkeiten zu beschreiben. Genau genommen werden die Schnittstellen von Web Services beschrieben, nicht die Services selbst.

4.6.3 UDDI

UDDI („Universal Description, Discovery and Integration") ist ein Verzeichnisdienst für Web Services. Der Dienst spezifiziert eine standardisierte Verzeichnisstruktur für die Verwaltung von Web-Services-Metadaten. Es handelt sich dabei um eine Art „Gelbe Seiten" in dem Web Services und ihre Schnittstellen registriert sind.

Die XML Basis von Web Services im Zusammenspiel mit der Serviceorientierten Architektur führen zur einer flexiblen kostengünstigen Möglichkeit Geschäftsprozesse zu integrieren und zu automatisieren.

5 FAZIT

Durch die Integration und Automatisierung der Interoperabilität zwischen Anwendungssysteme und die damit einhergehende die Vermeidung von Medienbrüchen erhoffen sich die Partner eine Beschleunigung gemeinsamer Prozesse sowie eine Reduktion von Fehlern und Prozesskosten.

Schon in den 1960er Jahren wurde versucht Nachrichten mit EDI zwischen Systemen auszutauschen. Die Praxis zeigte aber, dass einem überbetrieblichen Austausch von Daten Grenzen gesetzt sind. Das Fehlen eines einheitlichen Standards, proprietäre Plattformen und eigenentwickelte Anwendungssysteme machten einen Austausch von Daten sehr schwierig. Mit EDI wurde versucht einen gemeinsamen Standard zu finden der den Austausch von Daten ermöglichte. EDI krankte aber an der Komplexität und an den hohen Einführungskosten für die Infrastruktur (Value Added Network). Die Komplexität führte zu der Entwicklung branchenspezifischer „Dialekte" die sich untereinander nicht verstanden und damit einen Datenaustausch unmöglich machten.

Die „klassischen" EDI Probleme waren:

- Schwierig für Menschen lesbar, Standardchaos
- Teuer in Betrieb und Implementierung
- Keine Einbindung von Binärdaten möglich
- Aufwändige Anpassung bei geänderten Geschäftsprozessen
- Umständliche Konvertierungsprozeduren
- Problematische Weiterverarbeitung

Die Folge daraus war:

- Entwicklung stagnierte
- Zurückhaltung der kleinen und mittleren Unternehmen

Mit der Entwicklung der Metasprache XML wurde darauf geachtet die Nachteile von EDI zu beseitigen beziehungsweise zu minimieren. Es bildete sich eine Vielzahl von Konsortien die mit der Entwicklung neuer auf XML-basierten Standards begannen. Einige Standards wurden bereits veröffentlicht und viele befinden sich gegenwärtig noch in der Entwicklung. Nur wenige sind jedoch im produktiven Einsatz. Leider ist die Vielzahl der XML Standards kaum mehr überschaubar und eine Entscheidung für den Einsatz eines konkreten Standards relativ schwierig. Dennoch verfügen die XML Standards über eine Reihe von Vorteilen:

- Plattform und Programmiersprachen unabhängig

Vermeidung von Medienbrüchen bei grenzüberschreitenden Transaktionen

- Verfügbarkeit von Standard-Tools und Hilfsmittel
- Formale Prüfung des XML-Dokumentes erfolgt nicht in der Anwendung, sondern mit Hilfe eines XML-Schemas. Bei Änderungen muss lediglich das Schema angepasst werden.
- Branchenübergreifende Initiativen
- XML ist lesbar für den Menschen
- Kostengünstige Nutzung der Internet-Infrastruktur beziehungsweise Internet Techniken

Die Stärken von XML liegen im Bereich der Web-basierten Transaktionen, also typischerweise die Anbindung von Marktplätzen (Katalogaustausch) oder die Integration von elektronischem Einkauf.

Zusammenfassend kann man sagen, innerhalb einer Branche haben sich verschiedene Konzepte des überbetrieblichen, und damit grenzüberschreitenden, Daten-, Informations- und Dokumentenaustausch durchgesetzt. Diese sind hier auch nicht mehr wegzudenken (z.B. Automobilindustrie). Branchenübergreifend dagegen gibt es keine einheitlichen Konzepte oder Lösungen. Hier besteht weiterhin Entwicklungs-bedarf. Dabei ist es weitgehend egal welchen Standard Unternehmen für ihre Zusammenarbeit wählen. XML als Basis hat hier einen emotionalen Vorteil, weil es der neuere und modernere Standard ist.

Vermeidung von Medienbrüchen bei grenzüberschreitenden Transaktionen

6 LITERATURVERZEICHNIS

Daniel Jurak :   Integration digitaler Zahlungssysteme in das elektronische Volltextinformationssystem OPUS, Universität Stuttgart, Juli 2000

B2B-Umsätze: Wo laufen sie denn? http://www.ecin.de/marktbarometer/b2b-umsatz/

Wikipedia: Medienbruch,_____ http://de.wikipedia.org/wiki/Medienbruch

Scholz, Michael: Electronic Commerce vs. Electronic Business - Kurze Einführung und Abgrenzung der Begriffe, http://www.competence-site.de/ecommerceshop.nsf/44ed936957de26d7c1256911003d7e42/7e60a69cee185639c125697000589e64!OpenDocument

Webagency: Electronic Commerce Informationspool, http://www.webagency.de/infopool/e-commerce-knowhow/ak981021.htm

Wikipedia: Elektronischer Datenaustausch, http://de.wikipedia.org/wiki/ElectronicDataInterchange

TecChannel: Webtechnik – Entwicklung, http://www.tecchannel.de/webtechnik/entwicklung/

XML-Clearinghouse: Simple Object Access Protocol (SOAP), http://www.ag-nbi.de/archiv/www.xml-clearinghouse.de/standards/07/index.html

S.W.I.F.T._____   http://www.zahlungsverkehrsfragen.de/swift.html

IT Wissen Online: BIC-Code, http://www.itwissen.info/definition/lexikon/bank-identifier-code-BIC-BIC-Code.html

Bankers' Pedia: SWIFT, http://bankers-tcv.acc.de/BankersPediaDeutsch/index.php/SWIFT

Wikipedia: ResettaNet, http://de.wikipedia.org/wiki/RosettaNet

GRUNDFOS: EDIFACT, http://www.grundfos.de/gebaudetechnik/start/e-business/edifact.html

Graphic Communications Association: XML, http://www.gca.org/papers/xmleurope2001/papers/html/s03-3.html

ECIN: XML und BMEcat, http://www.ecin.de/shops/bmecat/

openTrans:_____   http://www.opentrans.org/

Electronic Business XML (ebXML): Basics und Nutzen: www.cs.univie.ac.at/upload/publications/00000.huemer-xml-buch.pdf

dPunkt: Electronic Business gestern, heute, morgen, www.dpunkt.de/leseproben/3-932588-98-3/Kapitel4.4.pdf